Libertad
La vida después de la esclavitud

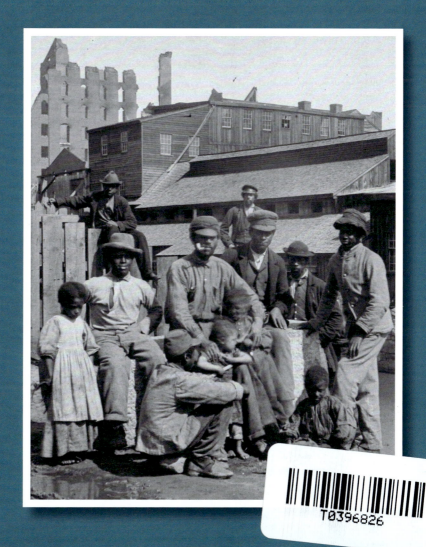

Dr. David H. Anthony y Stephanie Kuligowski, M.A.T.

Asesor

Marcus McArthur, Ph.D.
Departamento de Historia
Universidad de Saint Louis

Créditos de publicación

Rachelle Cracchiolo, M.S.Ed., *Editora comercial*
Emily R. Smith, M.A.Ed., *Vicepresidenta superior de desarrollo de contenido*
Véronique Bos, *Vicepresidenta de desarrollo creativo*
Caroline Gasca, M.S.Ed., *Gerenta general de contenido*

Créditos de imágenes: portada The Library of Congress; pág.1 The Library of Congress; pág.4 The Granger Collection, New York; pág.5 National Archives; pág.6 The Granger Collection, New York; pág.7 The Library of Congress; pág.8 (izquierda) The Library of Congress; pág.8 (derecha) The Library of Congress; pág.9 The Granger Collection; pág.10 (izquierda) The Granger Collection, New York; pág.10 (derecha) The Granger Collection, New York; pág.11 The Library of Congress; pág.12 (izquierda) The Library of Congress; pág.12 (derecha) The Library of Congress; pág.13 (superior) The Library of Congress; pág.13 (inferior) The Library of Congress; pág.14 The Granger Collection, New York; pág.15 The Library of Congress; pág.16 Corbis; pág.17 (superior) The Granger Collection, New York; pág.17 (inferior) The Library of Congress; pág.18 (superior) The Granger Collection, New York; pág.18 (inferior) The Library of Congress; pág.19 The Granger Collection, New York; pág.20 (izquierda) archive.org; pág.20 (derecha) archive.org; pág.21 archive.org; pág.22 (superior) The Granger Collection, New York; pág.22 (inferior) scripophily.com/The Gift of History; pág.23 The Library of Congress; pág.24 The Granger Collection, New York; pág.25 (superior) The Library of Congress; pág.25 (inferior) The Bridgeman Art Library; pág.26 Getty Images; pág.28 (izquierda) The Library of Congress; pág.28 (derecha) The Granger Collection, New York; pág.29 The Library of Congress; pág.32 (izquierda) The Granger Collection, New York; pág.32 (derecha) National Archives

Library of Congress Cataloging in Publication Control Number: 2024051671

Se prohíbe la reproducción y la distribución de este libro por cualquier medio sin autorización escrita de la editorial.

5482 Argosy Avenue
Huntington Beach, CA 92649
www.tcmpub.com
ISBN 979-8-3309-0199-9
© 2025 Teacher Created Materials, Inc.

Tabla de contenido

Nuevas esperanzas 4–5

Un trato injusto 6–11

Ganarse un lugar en la sociedad 12–15

Un paso adelante 16–17

La Gran Migración...18–21

Orgullo africano 22–23

El Renacimiento de Harlem..24–27

La lucha por los derechos civiles...............................28–29

Glosario.. 30

Índice.. 31

¡Tu turno!.. 32

Nuevas esperanzas

¡Libres al fin! La Decimotercera Enmienda liberó a las personas esclavizadas en 1865. El fin de la esclavitud, o la **emancipación**, fue difícil. Por primera vez, los **libertos**, es decir, los hombres y las mujeres que habían estado esclavizados, tenían que encontrar sus propios medios para sobrevivir.

Todos ellos se vieron obligados a buscar un trabajo y un lugar donde vivir. Debían comprar comida y ropa. Debían decidir si mudarse o quedarse donde estaban. La libertad era emocionante. Pero, junto con la emoción, llegaban nuevos desafíos.

Quienes antes habían sido propietarios de esclavos buscaron la forma de seguir controlando a los libertos. Algunos los contrataban, pero se negaban a pagarles un **salario** justo. La **segregación** restringía la libertad de los afroamericanos. "Segregar" significa mantener separadas a las personas según su raza. Muchas personas blancas trataban de **intimidar**, o asustar, a los libertos. Los amenazaban y recurrían a la violencia para perseguirlos.

una de las primeras aldeas de libertos

A principios del siglo XX, muchos afroamericanos se mudaron al vecindario de Harlem, en la ciudad de Nueva York.

Al fin libres

En 1863, el presidente Abraham Lincoln decretó la Proclamación de Emancipación. Este documento establecía que la esclavitud había terminado. Pero los estados del Sur no lo respetaron. Solo cuando finalizó la guerra de Secesión y se incorporó la Decimotercera Enmienda a la Constitución de Estados Unidos se logró liberar a todas las personas esclavizadas.

Un control cruel

Tras la guerra de Secesión, los estados del Sur comenzaron a elaborar nuevas leyes llamadas **códigos negros**. Estas leyes decían que los afroamericanos no podían votar ni poseer armas. Además, les imponían toques de queda. Cada estado del Sur tenía su propio conjunto de leyes injustas. La Decimocuarta Enmienda puso fin a esas leyes. Convirtió a los afroamericanos en ciudadanos estadounidenses.

Los afroamericanos encontraron maneras de sobrevivir a todo ese maltrato. Muchas personas previamente esclavizadas se fueron del Sur. Se instalaron en las ciudades del Norte. Así, comenzó un importante movimiento cultural. Los afroamericanos se expresaron a través del arte, la música y la literatura. Y, tal como siempre habían hecho, siguieron luchando por sus derechos civiles.

Un trato injusto

La aparcería

En las zonas **rurales** del Sur, la primavera era la época de la siembra. Pero las personas que siempre habían trabajado en el campo en condiciones de esclavitud ahora eran libres. Los dueños de las plantaciones necesitaban trabajadores de inmediato. Los libertos también enfrentaron problemas esa primavera. Por primera vez en su vida, necesitaban dinero para pagar la comida y la vivienda. Tenían que encontrar trabajo para sobrevivir.

Engañar a los trabajadores
Aprovechándose de que la mayoría de las personas que habían estado esclavizadas no sabían leer, muchos terratenientes les ofrecían contratos laborales injustos.

La única opción
Los aparceros estaban atrapados en un sistema injusto. Si renunciaban, quedaban en deuda con los terratenientes, que podían acusarlos de robo. Los trabajadores no querían ir a la cárcel. Para la mayoría de los libertos del Sur, la aparcería era la única opción.

una familia de aparceros

Un grupo de aparceros trabaja en el campo.

Después de la guerra de Secesión, los terratenientes no tenían dinero para pagarles a los trabajadores. Entonces, le ofrecían a cada familia una cabaña, un terreno y una mula. También les daban herramientas y comida. Los trabajadores tenían que compartir con los terratenientes una parte de las cosechas a modo de pago. Este sistema se llamaba **aparcería**.

Los trabajadores firmaban un **contrato laboral**. La mayoría de los contratos decían que el trabajador podía quedarse con un tercio de la cosecha, aproximadamente. Luego, debía vender esa pequeña cantidad para ganar un salario. Con ese salario, tenía que pagarle al terrateniente por la cabaña, la tierra, la mula, las herramientas y la comida.

Casi todos los trabajadores terminaban **endeudados**. Entonces, los terratenientes los obligaban a quedarse un año más para pagar las deudas. Los trabajadores quedaban atrapados en un sistema que se parecía mucho a la esclavitud.

Separados pero iguales

Después de la guerra de Secesión, los estados del Sur aprobaron leyes para mantener separadas, o segregadas, a las personas blancas y las afroamericanas. Había escuelas, hospitales, salas de cine y restaurantes separados. Los trenes y los autobuses tenían asientos diferentes para los pasajeros blancos y los afroamericanos. También se segregaron los baños y los bebederos públicos.

bebedero público segregado

sala de espera segregada en un hospital

Estas leyes se conocieron como "leyes de Jim Crow". Algunos afroamericanos comenzaron a protestar por el trato injusto. Un día, un hombre llamado Homer A. Plessy se subió a un tren. A propósito, tomó asiento en uno de los vagones con el letrero "Blancos" y no en uno de los que decían "**De color**". Terminó en la cárcel.

JIM CROW LAW.

UPHELD BY THE UNITED STATES SUPREME COURT.

Statute Within the Competency of the Louisiana Legislature and Railroads—Must Furnish Separate Cars for Whites and Blacks.

Washington, May 18.—The Supreme Court today in an opinion read by Justice Brown, sustained the constitutionality of the law in Louisiana requiring the railroads of that State to provide separate cars for white and colored passengers. There was no interstate commerce feature in the case for the railroad upon which the incident occurred giving rise to case—Plessey vs. Ferguson—East Louisiana railroad, was and is operated wholly within the State, to the laws of Congress of many of the States. The opinion states that by the analogy of the laws of Congress, and of many of states requiring establishment of separate schools for children of two races and other similar laws, the statute in question was within competency of Louisiana Legislature, exercising the police power of the State. The judgment of the Supreme Court of State upholding law was therefore upheld.

Mr. Justice Harlan announced a very vigorous dissent saying that he saw nothing but mischief in all such laws. In his view of the case, no power in the land had right to regulate the enjoyment of civil rights upon the basis of race. It would be just as reasonable and proper, he said, for states to pass laws requiring separate cars to be furnished for Catholic and Protestants, or for descendants of those of Teutonic race and those of Latin race.

recorte de periódico sobre el fallo en el caso Plessy contra Ferguson

Un nombre apropiado

Jim Crow era el nombre artístico de un actor blanco que representaba a un anciano afroamericano. Cantaba canciones que se burlaban de los afroamericanos. El espectáculo de Jim Crow era cruel, al igual que las leyes que llevaban su nombre.

Modales desiguales

Los afroamericanos debían usar títulos de cortesía, como "señor" o "señorita", cuando hablaban con personas blancas. Pero las personas blancas se negaban a utilizar esos términos al dirigirse a los afroamericanos.

Ni cerca

En el caso Plessy contra Ferguson, la Corte Suprema de Estados Unidos votó 7 a 1 a favor de Ferguson. Eso significa que uno solo de los jueces votó a favor de Plessy.

En 1896, el caso Plessy contra Ferguson llegó a la Corte Suprema de Estados Unidos. El abogado de Plessy argumentó que los vagones de tren separados incumplían la Decimotercera y la Decimocuarta Enmienda. La Corte Suprema estuvo en desacuerdo. Dictaminó que las instalaciones separadas eran legales, siempre y cuando fueran iguales.

Pero separados no significaba iguales. A los afroamericanos se les solían asignar las escuelas en peores condiciones, los asientos del fondo en el autobús y las peores butacas en los teatros y los cines. Las leyes de Jim Crow los convertían en ciudadanos de segunda clase en su propio país.

Ida B. Wells

Una periodista valiente

En 1892, tres comerciantes afroamericanos fueron linchados en Memphis, Tennessee. Ida B. Wells trabajaba para un periódico de Memphis. Con gran valentía, escribió sobre los asesinatos. Incluso aconsejó a los afroamericanos que se fueran de Memphis. Muchos afroamericanos siguieron su consejo y se mudaron al Norte.

Destruir al Klan

El presidente Ulysses S. Grant le dio un castigo ejemplar al Ku Klux Klan en Carolina del Sur. Envió tropas para mantener el orden mientras se arrestaba, juzgaba y encarcelaba a sus líderes.

cartel contra los linchamientos, titulado "La vergüenza de Estados Unidos"

Un control violento

Algunos sureños blancos pensaban que todo lo que beneficiaba a los afroamericanos perjudicaba a las personas blancas. Entonces, comenzaron a formar clubes, o grupos, de **supremacía blanca**. El más conocido era el Ku Klux Klan. Su objetivo era asegurarse de que los afroamericanos fueran siempre el último eslabón de la escala social.

A estos clubes se sumaron alcaldes, abogados, médicos, policías y hacendados. Para que nadie los reconociera, usaban máscaras y disfraces, ya que la mayoría de las actividades del club eran **ilegales**. Atacaban a los afroamericanos para impedir que fueran a la escuela, consiguieran empleo, compraran una casa, votaran o se postularan para cargos públicos. Prendían fuego sus casas, graneros, tiendas y cultivos. Golpearon, secuestraron y asesinaron a cientos de personas.

Uno de los métodos más violentos que usaban estos clubes era el **linchamiento**. Para descargar su frustración, los sureños enojados linchaban, o ahorcaban, a los libertos. Las masas, o turbas, de personas enfurecidas iban a buscar a los afroamericanos a su casa, los sacaban a la fuerza y los ahorcaban. Se trataba de asesinatos, pero las autoridades rara vez trataban de impedirlos. ¡Muchas veces eran los mismos policías, alcaldes y jueces quienes encabezaban las turbas en secreto!

miembros del Ku Klux Klan

Ganarse un lugar en la sociedad

El Instituto Tuskegee

Booker T. Washington nació en condiciones de esclavitud. Tenía nueve años cuando la guerra de Secesión llegó a su fin. Cuando obtuvo la libertad, empezó a trabajar en una mina de sal. Pero le encantaba aprender y estudiaba hasta altas horas de la noche. ¡Hasta aprendió a leer sin ayuda! A los 16 años, comenzó a estudiar en un instituto de educación superior. Con el tiempo, se desempeñó como maestro y luego como profesor.

En 1881, Washington fundó el Instituto Tuskegee en Alabama. Era un nuevo instituto de educación superior para afroamericanos. Washington quería ayudarlos a integrarse en la sociedad sureña.

Booker T. Washington

Instituto Tuskegee

George Washington Carver les da indicaciones a los estudiantes en un laboratorio del Instituto Tuskegee.

¡500 millas!

Washington se formó en el Instituto Hampton. Era un nuevo instituto superior para estudiantes afroamericanos. Estaba en Virginia, a 500 millas (805 km) de su casa. Washington caminó toda esa distancia para poder estudiar.

Un profesor célebre

George Washington Carver fue jefe del Departamento de Agricultura de la Universidad de Tuskegee. Fue un científico que se esforzó mucho para encontrar mejores maneras de cultivar las tierras del Sur. ¡También se hizo famoso por inventar la mantequilla de cacahuate!

Washington centró el programa del instituto en la enseñanza de habilidades prácticas que fueran útiles en las zonas rurales del Sur. Había clases de agricultura, de construcción de carretas y de otros oficios. Los estudiantes podían formarse como agricultores, maestros o impresores.

El objetivo era que los graduados del instituto fueran tan habilidosos que las personas blancas se vieran obligadas a reconocer su mérito. Washington pensaba que, así, los afroamericanos podrían "ganarse" sus derechos civiles. Muchos se mostraron de acuerdo con él. Otros se enojaron por su manera de abordar la educación de los afroamericanos. Lo apodaron "el gran **conformista**". Decían que era muy tolerante ante el maltrato que recibían los afroamericanos.

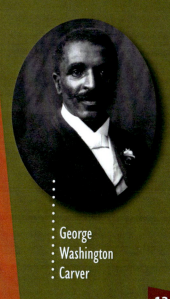

George Washington Carver

W. E. B. Du Bois en su oficina

¡Qué currículum!
Desde muy joven, Du Bois se propuso hacer grandes cosas. Estudió mucho y se destacó en la escuela. Ganó una beca para estudiar en la Universidad de Fisk, en Tennessee. Después de graduarse allí, entró en la Universidad de Harvard, en Massachusetts. Obtuvo una **licenciatura**, una **maestría** y un **doctorado** en esa famosa institución. De hecho, fue el primer afroamericano en doctorarse en Harvard. Du Bois fue profesor, escritor, orador e investigador social.

Doble ciudadanía
W. E. B. Du Bois pasó los últimos años de su vida en Ghana, África. Obtuvo la ciudadanía de ese país en 1961 y murió allí en 1963.

El décimo talentoso

A principios de siglo, Booker T. Washington era el afroamericano más poderoso de Estados Unidos. Pero no todos compartían sus ideas sobre educación. W. E. B. Du Bois no creía que las clases de agricultura, cocina y construcción de carretas fueran a ayudar a los afroamericanos a progresar en la sociedad. Pensaba que Washington estaba cediendo ante las leyes de Jim Crow en lugar de combatirlas.

Además, pensaba que los derechos civiles no debían conquistarse. En su opinión, los derechos básicos debían gozarse sin condiciones. No le gustaba la idea de Washington de que los afroamericanos debían "ganarse" sus derechos civiles. Du Bois alentaba a las personas a protestar contra el trato injusto y a exigir la igualdad de derechos.

Al igual que Washington, Du Bois también alentaba a los afroamericanos a estudiar. Pero creía en un tipo de educación diferente. Afirmaba que las escuelas de oficios limitaban mucho las posibilidades. Du Bois quería que los afroamericanos estudiaran historia, filosofía y literatura. De ese modo, el 10 por ciento más capaz lideraría la comunidad.

Du Bois llamaba a ese grupo "el décimo talentoso". Serían ellos quienes lucharían por la igualdad racial en nombre de toda la comunidad afroamericana.

Du Bois estudió en la Universidad de Fisk, en Tennessee.

Un paso adelante

Du Bois dedicó su vida a buscar una solución para el problema del **racismo**. El racismo es el trato injusto que reciben las personas a causa de su origen étnico. Du Bois decidió que una solución posible sería organizar un grupo de afroamericanos poderosos. Este grupo encabezaría la lucha por la igualdad de derechos en Estados Unidos.

En 1909, Du Bois e Ida B. Wells fundaron la Asociación Nacional para el Progreso de las Personas de Color, o NAACP por sus siglas en inglés. Uno de los propósitos de la NAACP era dar a conocer cómo vivían los afroamericanos. Querían que cada vez más personas comprendieran el problema del racismo.

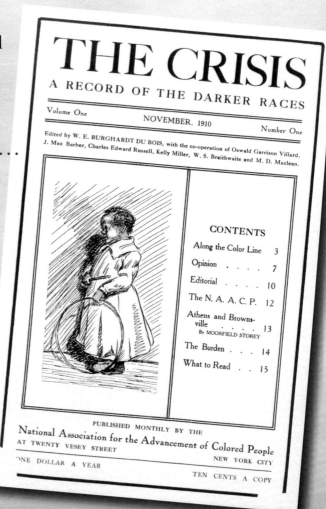

primer número de la revista de la NAACP, *The Crisis*

manifestación de la NAACP contra la segregación

El Movimiento del Niágara

Antes de la NAACP, Du Bois y su amigo William Monroe Trotter habían fundado otro grupo que luchaba por la igualdad de derechos para todos. Los dos hombres invitaron a los miembros a una reunión en Buffalo, Nueva York. Pero a muchos no les permitieron alojarse en hoteles debido a su raza. Entonces, el grupo trasladó el evento a las Cataratas del Niágara. Y comenzaron a llamar al grupo el Movimiento del Niágara. El grupo llegó a tener 170 miembros de 34 estados. Funcionó durante varios años, pero se **disolvió** en 1908.

La NAACP organizó manifestaciones para dar a conocer las desigualdades en materia de educación, empleo, condiciones de vida y cuestiones legales que sufría la población negra. También fundó una revista llamada *The Crisis*. Du Bois fue su editor durante 25 años. Hoy en día, la revista todavía publica artículos que **promueven** la reflexión sobre los derechos civiles, la historia, la política y la cultura.

La NAACP lleva más de 100 años trabajando para combatir el racismo y la desigualdad. El grupo logró muchos cambios en la sociedad estadounidense. Continúa liderando la lucha por los derechos civiles en la actualidad.

Un abogado poderoso

Thurgood Marshall fue abogado de la NAACP en las décadas de 1940 y 1950. Ganó muchos casos que mejoraron la vida de los afroamericanos. Luego, se convirtió en el primer afroamericano en formar parte de la Corte Suprema de Estados Unidos.

Thurgood Marshall

17

¿Escuchaste?

El Ferrocarril Transcontinental se terminó de construir en 1869. Conectó las costas este y oeste de Estados Unidos. Otras líneas ferroviarias comenzaron a extenderse hacia el Norte y el Sur. Con los pasajeros, viajaban también historias sobre cómo era la vida en otros lugares. Las historias de libertad e igualdad para los libertos comenzaron a llegar poco a poco al Sur.

¡Hacia el Oeste!

Benjamin "Pap" Singleton era un liberto de Tennessee. Como no le permitían comprar terrenos en su estado natal, comenzó a comprar terrenos en Kansas. Entre 1877 y 1879, ayudó a más de 20,000 afroamericanos a mudarse al Oeste.

pintura de Jacob Lawrence que retrata la Gran Migración, realizada durante el Renacimiento de Harlem

vendedor de periódicos con *The Chicago Defender*, que publicaba artículos, anuncios de empleo y horarios de trenes

La Gran Migración

Camino al Norte

Cuando la guerra de Secesión llegó a su fin, más del 90 por ciento de los afroamericanos del país vivían en el Sur. Pero la situación pronto cambiaría.

Tras el comienzo de la Primera Guerra Mundial en Europa, se redujo la avalancha de inmigrantes que llegaban a Estados Unidos. Los inmigrantes eran la principal mano de obra en las fábricas del Norte. Las fábricas seguían necesitando trabajadores, así que enviaron a agentes al Sur para que contrataran afroamericanos.

En esa misma época, Robert Abbott fundó un periódico para afroamericanos llamado *The Chicago Defender*. En 1910, muy pocos lectores del periódico vivían en Chicago. Entre 1916 y 1918, el periódico atrajo a Chicago a más de 100,000 afroamericanos del Sur.

Una gran cantidad de afroamericanos también se instalaron en otras ciudades del Norte. Las poblaciones afroamericanas de Kansas City, Detroit, Cleveland, Milwaukee y Nueva York crecieron con rapidez a comienzos del siglo xx. Este desplazamiento masivo se conoce como la Gran Migración. Desde el final de la guerra de Secesión hasta 1970, más de siete millones de afroamericanos abandonaron el Sur.

Robert Abbott

La vida en el Norte

Los afroamericanos se mudaron al Norte en busca de una vida mejor. Pero no tardaron mucho en descubrir que allí también había problemas.

La violencia racial pronto pasó a formar parte de la vida cotidiana en el Norte. Algunos residentes blancos comenzaron a ver una amenaza en los miles de afroamericanos que llegaban a sus ciudades. Tenían miedo de que los nuevos habitantes les quitaran su trabajo y ocuparan sus vecindarios.

Este folleto describe cómo los empleadores blancos discriminaban a los trabajadores afroamericanos en cuestiones salariales.

CONCERNING THE RACE RIOTS
By the
CHICAGO FEDERATON OF LABOR.

The profiteering meat packers of Chicago are responsible for the race riots that have disgraced the city.

It is the outcome of their deliberate attempt to disrupt the union labor movement in the stockyards. Their responsibility is shared by the daily newspapers which are kept subsidized by the extravagant advertising contracts of the packers, particularly the Tribune and the Herald and Examiner.

The same meat packers can solve the problem if they will and put a stop to the trouble, but it can be done only in one way, if it is not to break out again at a future date more violently than before. The packers know that way. They have been told what it is and they are doing nothing about it.

Ever since organized labor first started to unite the stockyards employes, the packers have fought with every weapon at their command these efforts of the workers.

Discriminating against union men, they have fired them and hired nonunion men in their places. In recent years their principal recruiting points for nonunion workers have been in the south, and nonunion colored workers have been brought here in great numbers just as they are

The Chicago Race Riots

THE frothy, bloody wake of the Great War revealed many things in our civilization that shook our faith in God, in Christ, and in the divine purpose of mankind themselves. Nowhere was the sickening realization that we are still animals more vivid and unescapable than in the city of Chicago during the week of July 28th, 1919 when the flame of racial antagonism resulting from the friction of tens of thousands of returning white soldiers meeting tens of thousands of Negro workers firmly intrenched in tens of thousands of jobs that the white soldiers and discharged civilians wanted and needed. The placing of millions of men in the forefront of the national defense and the unheard of industrial speed to which America was forced, taxed to the limit every man, woman, and child of working age, and every pound of machinery that we possessed. The Golden Age of industry seemed to have arrived. Unlimited markets, unlimited production, unlimited opportunity for work, unheard of wages. (We are not discussing unheard of prices at this time.) All this tapped and drained the American labor reservoir in every state of the Union. The packers of Chicago turned their dividend-hungry eyes to our Southern fields where the brawny human workhorses of Africa were enjoying their more

12

Este artículo periodístico trata sobre los disturbios raciales de Chicago.

En los años previos a la Primera Guerra Mundial y durante la guerra, se produjeron **disturbios** entre grupos de personas blancas y los afroamericanos. Estos estallidos de violencia llegaron a su peor momento durante el verano de 1919. Hubo 24 disturbios raciales en distintas ciudades del país. Esos sucesos se conocieron luego como el Verano Rojo.

A pesar de las dificultades de la vida en el Norte, los afroamericanos encontraron maneras de **afrontar** los problemas. Crearon iglesias afroamericanas. En esas iglesias podían escapar de la segregación y de la **discriminación** durante algunas horas por semana. Gracias a las **sociedades de ayuda mutua**, podían disponer del dinero necesario en caso de emergencia. Unidos, los afroamericanos hicieron que la vida en el Norte fuera más llevadera.

¡No es justo!

Muchos propietarios del Norte trataban injustamente a los afroamericanos. Dividían las casas en pequeños apartamentos y les cobraban precios muy altos a los inquilinos. Por lo general, esos apartamentos se encontraban en vecindarios descuidados. En la mayoría de las ciudades, los afroamericanos no eran bienvenidos en las mejores zonas. Si bien los estados del Norte no tenían leyes de Jim Crow, los residentes blancos encontraban maneras de segregar a los afroamericanos.

Fiestas solidarias

Los afroamericanos se ayudaban unos a otros. Si algún vecino no tenía suficiente dinero para pagar el alquiler, los demás organizaban una fiesta. Los asistentes donaban todo el dinero que podían para ayudar a quien lo necesitaba.

De regreso a Jamaica

En 1923, Marcus Garvey fue declarado culpable de **fraude** postal y encarcelado. Después de cumplir su condena, lo enviaron de regreso a Jamaica. Continuó con el trabajo de la UNIA, pero nunca recuperó el poder que solía tener.

Un contrincante poderoso

W. E. B. Du Bois no estaba de acuerdo con las ideas de Marcus Garvey. Pensaba que las soluciones que Garvey ofrecía a los problemas de los afroamericanos harían retroceder el movimiento por los derechos civiles en lugar de ayudarlo a avanzar. Du Bois alguna vez llamó a Garvey "el enemigo más peligroso" de los afroamericanos.

desfile de la UNIA

certificado de acciones de la Black Star Line

Orgullo africano

En 1912, Marcus Garvey fundó en Jamaica la Asociación Universal para el Desarrollo de las Personas Negras (UNIA, por sus siglas en inglés). El objetivo del grupo era unificar a la población africana que se había dispersado por el mundo a causa de la esclavitud. La idea era reunir a todos para formar una nueva nación. El gobierno de esa nueva nación estaría dirigido por africanos y trabajaría para ellos.

En 1916, Garvey se mudó al vecindario de Harlem, en la ciudad de Nueva York. Allí abrió una sede de la UNIA. Comenzó a publicar el periódico *Negro World*. El periódico promovía el orgullo africano y el panafricanismo. El panafricanismo fue un movimiento que se propuso unir a los africanos de todo el mundo y crear una comunidad global.

En 1919, Garvey fundó la compañía naviera Black Star Line. Transportaba productos a africanos de Canadá, Estados Unidos, el Caribe, América Central y del Sur, y África. Garvey también formó la Asociación de Industrias Africanas. Este grupo de empresas fabricaba productos para que los africanos compraran y vendieran. En lugar de insertar a los africanos en la sociedad blanca, Garvey quería separarlos en lo social, comercial y político. En 1920, la UNIA contaba con cuatro millones de miembros.

Marcus Garvey

El Renacimiento de Harlem

Un nuevo comienzo

Tras la Primera Guerra Mundial, Harlem, uno de los vecindarios de la ciudad de Nueva York, se convirtió en el corazón de la cultura afroamericana. En la década de 1920, vivían en Harlem unos 200,000 afroamericanos. Fue entonces cuando comenzó el **Renacimiento** de Harlem. Un renacimiento es un nuevo comienzo. Este período marcó un nuevo comienzo para muchos afroamericanos. Sentían un impulso renovado para escribir, crear y actuar.

sede de la NAACP en Harlem

La sede de la NAACP estaba ubicada en Harlem. La revista de la NAACP, *The Crisis*, publicaba poemas y cuentos escritos por afroamericanos. Charles Johnson, editor de la revista *Opportunity: A Journal of Negro Life*, también publicaba obras de autores afroamericanos. Creía que el arte y la literatura podían mejorar la vida de los afroamericanos. Los escritores Zora Neale Hurston, Langston Hughes y James Weldon Johnson saltaron a la fama durante este período.

Louis Armstrong

Al Norte también emigró un nuevo estilo musical llamado **jazz**. El trompetista Louis Armstrong, el pianista Jelly Roll Morton y la cantante Bessie Smith fueron solo algunos de los músicos de *jazz* famosos en esa época.

El Cotton Club, en Harlem, era un lugar muy popular para escuchar *jazz*.

¡Cuánto talento!

Muchos músicos, cantantes, escritores y artistas talentosos alcanzaron la fama durante el Renacimiento de Harlem. Duke Ellington (pianista), Billie Holiday (cantante de *jazz*), Countee Cullen (escritor) y Jacob Lawrence (pintor) están entre los muchos afroamericanos destacados del Renacimiento de Harlem.

Aún segregados

Uno de los clubes nocturnos más famosos de Harlem fue el Cotton Club. En ese lugar, se presentaron muchos artistas afroamericanos de renombre. Duke Ellington y Cab Calloway dirigieron orquestas en el club. Pero a los afroamericanos solo se les permitía trabajar allí. No tenían permitido ingresar para ver los espectáculos.

Primeros años

Hughes nació en Joplin, Misuri, en 1902. Cuando sus padres se divorciaron, lo enviaron a vivir con su abuela en Lawrence, Kansas. Su padre se mudó a México. Su madre viajaba en busca de empleo. La infancia de Hughes no fue nada fácil. Pero su abuela le enseñó a valorar la educación y a estar orgulloso de sus **tradiciones** africanas.

Poesía del *jazz*

Hay algo especial en los poemas de Hughes. Suenan como música. Esto se debe a que incorporó los ritmos del *jazz* y el *blues* a su poesía. El poema "The Weary Blues" fue su primer intento de escribir este tipo de poesía musical. ¡Y fue todo un éxito! Hughes ganó un concurso de poesía organizado por la revista afroamericana *Opportunity: A Journal of Negro Life*.

Langston Hughes en Harlem

Un poeta del pueblo

El escritor Langston Hughes es recordado como la voz principal del Renacimiento de Harlem. En sus poemas, obras de teatro, cuentos y autobiografías, abrió una ventana hacia la cultura afroamericana. Era un gran observador de las personas y los lugares. Con sus palabras, Hughes logró captar los cambios del mundo que lo rodeaba.

Cuando era niño, se interesó por la lectura y empezó a escribir poesía. Le gustaban mucho los poemas de Carl Sandburg y Carl Laurence Dunbar. Ambos poetas usaban un lenguaje común y cotidiano para expresar sus ideas, y a Hughes le atraía su estilo.

En el bachillerato, los profesores y los compañeros de Hughes reconocieron su talento para la escritura. Sus poemas se publicaban con frecuencia en la revista literaria de la escuela. Después de graduarse, envió sus poemas a la revista *The Crisis* de la NAACP. La revista publicó su obra.

En 1921, Hughes se inscribió en la Universidad de Columbia, ubicada en la ciudad de Nueva York. Allí descubrió Harlem. En Harlem, conoció a otros escritores, artistas y músicos afroamericanos. Había encontrado un lugar al que pertenecer. Aunque viajó y vivió en otros lugares a lo largo de su vida, siempre consideró que Harlem era su hogar.

La lucha por los derechos civiles

En 1955, Rosa Parks se subió a un autobús en Montgomery, Alabama. El conductor del autobús le pidió que le cediera su asiento a un pasajero blanco. Parks se negó. Su pequeño acto de **resistencia** desató una lucha nacional por los derechos civiles.

Después de que Parks fue arrestada, la sede local de la NAACP convocó a un boicot a los autobuses. Un boicot es una **protesta** en la que las personas se niegan a usar los servicios de una empresa. Un joven ministro religioso llamado Dr. Martin Luther King Jr. fue elegido para encabezar la protesta.

Un oficial toma las huellas dactilares de Rosa Parks después de su arresto.

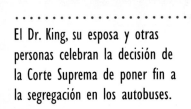

El Dr. King, su esposa y otras personas celebran la decisión de la Corte Suprema de poner fin a la segregación en los autobuses.

En 1963, más de 250,000 personas marcharon en Washington a favor de los derechos civiles.

Durante 381 días, los afroamericanos se negaron a viajar en los autobuses urbanos. La compañía de autobuses perdió dinero, al igual que muchas tiendas del centro de la ciudad. Finalmente, la Corte Suprema de Estados Unidos dictaminó que la segregación en los autobuses era inconstitucional.

Después del boicot a los autobuses, King y otros líderes continuaron la lucha por los derechos civiles. Organizaron marchas y dieron discursos. Recurrieron a protestas no violentas para llamar la atención sobre las desigualdades raciales en el país.

El presidente John F. Kennedy no pudo pasar por alto la situación. Presentó un nuevo proyecto de ley. Después de casi diez años de protestas, en 1964 se aprobó la Ley de Derechos Civiles.

Cobertura mediática

Durante el boicot a los autobuses, un grupo de personas blancas arrojaron bombas en las casas de dos líderes afroamericanos y en cuatro iglesias afroamericanas. La violencia captó la atención de los medios. Los reporteros de televisión cubrieron los violentos ataques, y los periódicos escribieron al respecto. Así, se corrió la voz y se multiplicó el apoyo al movimiento por los derechos civiles.

Un sueño hecho realidad

Para mostrar su apoyo al proyecto de ley de derechos civiles, 250,000 personas asistieron a la Marcha sobre Washington. El Dr. Martin Luther King Jr. dio allí su famoso discurso "Tengo un sueño", que se transmitió en vivo por la televisión nacional.

Glosario

afrontar: hacer frente a una situación

aparcería: un sistema de trabajo en el que los terratenientes blancos les daban tierras, vivienda y herramientas a los agricultores, que luego vendían las cosechas para pagarles a los terratenientes

códigos negros: leyes que restringían los derechos de las personas que antes habían estado esclavizadas

conformista: una persona que se adapta a cualquier circunstancia

contrato laboral: un acuerdo de trabajo

de color: una expresión usada para referirse a los afroamericanos a principios del siglo xx

discriminación: trato injusto que recibe una persona a causa de su raza, su religión, su edad u otras características

disturbios: acciones públicas violentas

doctorado: el título de doctor

emancipación: liberación de la esclavitud

endeudados: que deben algo a otro

fraude: el uso de métodos deshonestos para engañar o mentir

ilegales: que van en contra de la ley

intimidar: asustar con amenazas

jazz: un tipo de música que combina sonidos africanos y europeos

libertos: esclavos liberados

licenciatura: un título universitario

linchamiento: la muerte (especialmente por ahorcamiento) o el castigo que aplica una turba sin que se lleve a cabo un juicio justo

maestría: el título otorgado por una universidad, generalmente después de uno o dos años más de estudio tras la licenciatura

promueven: impulsan o favorecen

protesta: una acción en oposición a algo, como una ley

racismo: la creencia de que la raza, o el origen étnico, de una persona determina sus capacidades

renacimiento: un nuevo comienzo

resistencia: el acto de desafiar o negarse a hacer algo

rurales: en relación con el campo (vida, habitantes y agricultura)

salario: el dinero que se paga por el trabajo

se disolvió: se desarmó

segregación: leyes y reglas que mantienen separadas a las razas

sociedades de ayuda mutua: grupos formados para ayudar a los integrantes que más lo necesitan

supremacía blanca: la creencia de que las personas blancas son superiores a las personas de otras razas

tradiciones: costumbres de un pueblo que se transmiten de padres a hijos

Índice

Abbott, Robert, 19

aparcería, 6–7

Armstrong, Louis, 25

Asociación Nacional para el Progreso de las Personas de Color (NAACP), 16–17, 24, 27–28

Asociación Universal para el Desarrollo de las Personas Negras (UNIA), 22–23

boicot, 28–29

Carver, George Washington, 13

códigos negros, 5

contratos laborales, 6–7

Crisis, The, 16–17, 24, 27

décimo talentoso, 15

Decimocuarta Enmienda, 5, 9

Decimotercera Enmienda, 4–5, 9

derechos civiles, 5, 13, 15, 17, 28–29

Du Bois, W. E. B., 14–17, 22

emancipación, 4–5

Ferrocarril Transcontinental, 18

Garvey, Marcus, 22–23

Gran Migración, 18–19

guerra de Secesión, 5, 7–8, 12, 19

Harlem, 5, 18, 23–27

Hughes, Langston, 24, 26–27

Hurston, Zora Neale, 24

Instituto Tuskegee, 12–13

jazz, 25–26

Johnson, James Weldon, 24

Kennedy, presidente John F., 29

King, Dr. Martin Luther, Jr., 28–29

Ku Klux Klan, 10–11

Ley de Derechos Civiles, 29

leyes de Jim Crow, 8–9, 15, 21

linchamiento, 10–11

Lincoln, Abraham, 5

Marcha sobre Washington, 29

Marshall, Thurgood, 17

Montgomery, Alabama, 28

Morton, Jelly Roll, 25

Movimiento del Niágara, 17

Opportunity: A Journal of Negro Life, 24, 26

panafricanismo, 23

Parks, Rosa, 28

Plessy, Homer A., 8–9

Renacimiento de Harlem, 18, 24–25, 27

segregación, 4, 8–9, 17, 21, 25, 28–29

Singleton, Benjamin "Pap", 18

Smith, Bessie, 25

Trotter, William Monroe, 17

Universidad de Fisk, 14–15

Verano Rojo, 21

Washington, Booker T., 12–13, 15

Wells, Ida B., 10, 16

¡Tu turno!

El vecindario de Harlem, en la ciudad de Nueva York, fue el hogar de muchos músicos, escritores, artistas y activistas afroamericanos durante la década de 1920. Langston Hughes fue uno de los jóvenes talentos que lo consideraron su hogar. La creatividad, la energía y la libertad de sus habitantes dieron inicio al Renacimiento de Harlem, un nuevo comienzo para los artistas afroamericanos.

✏️ Una carta a casa

Imagina que eres uno de los jóvenes afroamericanos que se mudan a Harlem durante la Gran Migración. Escríbele una carta a un amigo o a un familiar. Describe tu nueva vida y cómo te sientes frente a los cambios.